Mutluluk Nedir?
Orijinal adı: Happiness is...

Licensed exclusively to Imagine That Publishing Ltd
Tide Mill Way, Woodbridge, Suffolk, IP12 1AP, UK
www.imaginethat.com

Sertifika No: 40077

Yazan: Isadora Rose
Resimleyen: Gavin Scott
Çeviren: Ali Berktay
Editör: Ahu Ayan

ISBN: 978-625-405-513-3 Genel yayın numarası: 5200

1. Basım: Temmuz 2021
2. Basım: Şubat 2022

Baskı
GOLDEN MEDYA MATBAACILIK VE TİCARET A.Ş.
100. Yıl Mh. Mas-Sit 1. Cad. No: 88 Bağcılar/İstanbul
(0212) 629 00 24 Sertifika No: 45463

TÜRKİYE İŞ BANKASI KÜLTÜR YAYINLARI
İstiklal Caddesi, Meşelik Sokak, No: 2/4 Beyoğlu 34433 İstanbul
Tel: (0212) 252 39 91 – Faks: (0212) 252 39 95
www.iskultur.com.tr

Mutluluk Nedir?

Isadora Rose
Gavin Scott

TÜRKİYE İŞ BANKASI
Kültür Yayınları

Mutluluk el ele dolaşmaktır gerçek bir arkadaşla.

Birlikte seyretmektir manzarayı hayranlıkla.

Neşeyle hoplayıp zıplamaktır çamurlu sularda.

Sonra da ısınmaktır yumuşacık, sevgi dolu bir kucakta.

Komik bir sözle kahkahadan kırılmaktır.

Kırılmış bir şeyi oturup birlikte onarmaktır.

Bir köpek veya kedi yavrusunun
şirin oyunlarıdır.

Yeni doğmuş bir bebeğin tatlı rüyalarıdır.

Anne ve babayla kitap okuma zamanıdır.

Sevdiğin biri üzülmüşse, keyifsizse,
Onu avutmak, yanında olmaktır.

Yeni yeni yerler görmektir,
Beraberce serüvenlere atılmaktır.

Sonra seyrederken güzelim manzarayı
Paylaşmaktır birlikte başarıyı.

Bırakıp kendini müziğin ritmine
Dans etmektir özgürce.

Kolların, bacakların neşeyle hareket etmesidir.
Gönlünce dans et, dans bedenin şiiridir.

Cup diye atlayıp yüzmektir masmavi denizde
Denizle karanın buluştuğu güzel bir sahilde.

Kumlarda koşmak, oynamaktır.
Hayallerinin şatolarını yapmaktır.

Ağız dolusu gülmektir derken "Merhaba!"
Asık yüzle değil, neşeyle bakmaktır dostlara.

Birlikte yuvarlanmaktır yeni yağmış karlarda
Kahkahalar atmaktır lekesiz beyazlıkta.

Salıncakta sallanırken kuş gibi uçmaktır havaya.
Kaydıraktan bırakmaktır kendini heyecanla.

Bisiklete atlayıp kırlara açılmaktır.
Yeşil kırlarda hoş bir gezintiye çıkmaktır.

Mutluluk nedir diye
sorarsan, en çok...

Sevgidir,
paylaşmaktır.